ÉCOLE

THÉORIQUE ET PRATIQUE

DU NOTARIAT

PAR

L. Feuilleret,

ANCIEN NOTAIRE REÇU PAR LA CHAMBRE DES NOTAIRES DE PARIS,

PROFESSEUR DE NOTARIAT,

AUTORISÉ EN VERTU D'UNE DÉCISION DU CONSEIL DE L'INSTRUCTION PUBLIQUE
DU 19 AVRIL 1828.

3 vol. in-8°. — Prix de chaque volume 7 fr. 50 c.

(Les frais d'envois seront à la charge des souscripteurs et des acheteurs ; ils recevront chaque volume par la voie qu'ils indiqueront, aussitôt la réception des fonds envoyés par un bon sur la poste ou autrement, adressé franco à M. Feuilleret qui ne reçoit point de lettres non affranchies.)

PARIS

CHEZ L'AUTEUR, RUE DAUPHINE, 24.

1841

Cet ouvrage est divisé en six chapitres.

Le premier renferme la critique des locutions vicieuses usitées dans la rédaction des actes, et les notions indispensables aux aspirants au notariat.

Le second chapitre explique les textes des codes, et développe la jurisprudence qui s'y rattache.

Le troisième fait connaître les changements et additions qui doivent être apportés dans les expéditions et copies, puis la forme des grosses exécutoires, des extraits en forme de grosse, des ampliations et des extraits des actes.

Le quatrième renferme séparément les diverses énonciations de qualités qui peuvent se présenter le plus fréquemment dans les actes.

Le cinquième présente des formules composant 47 marches d'affaires, chacune d'elles précédée d'un tableau synoptique ; il comprend aussi un grand nombre d'actes isolés, classés par ordre alphabétique.

Le sixième contient un exposé des droits d'enregistrement, de timbre, de greffe, d'hypothèque et des amendes encourues pour contraventions d'après la législation et la jurisprudence actuelles.

FÉLIX LOCQUIN, Imprimeur, 16, rue Notre-Dame-des-Victoires.

MONSIEUR ET ANCIEN COLLÈGUE,

J'ai l'honneur de vous annoncer que mon *Formulaire sur le notariat* est en vente ; les deux autres volumes, qui traitent les points de droit, sont sous presse et paraîtront très prochainement.

Pour que vous puissiez apprécier la différence de cet ouvrage d'avec ceux qui ont paru jusqu'à ce jour sur la même matière, je vous adresse une marche d'affaires et quelques rapports extraits de différents journaux, avec la prière de les communiquer à vos clercs.

Veuillez agréer,

Monsieur et ancien collègue,

L'assurance de ma considération distinguée,

FEUILLERET.

COMPTE RENDU DANS LE JOURNAL DU NOTARIAT.

(*4 novembre* 1841.)

« C'est après un long et honorable exercice du notariat que M. Feuilleret en a embrassé l'enseignement.

Il s'est élevé par la pratique à la doctrine ; chez lui l'expérience a fait naître la science : mais l'expérience guidée par un esprit éminemment exact qui a voulu se rendre raison de chaque principe avant de l'admettre dans la lucide synthèse qui distingue son ouvrage de tous ceux qui ont paru jusqu'à ce jour sur le même sujet.

Chose étrange ! Tandis que la procédure judiciaire compte autant de chaires qu'il y a de facultés de droit en France, la pratique notariale n'est enseignée nulle part !

La mission du notaire est-elle donc moins nécessaire, moins perplexe, moins grave que celle du praticien ?

Emporte-t-elle moins de responsabilité ? suppose-t-elle moins d'études et moins de lumières ?

Non sans doute, il faut même reconnaître que le notaire exerce un ministère de tous les jours, qu'il est appelé à tous les actes de la famille, à toutes les transactions de la vie civile, tandis que l'intervention de l'avoué dans le règlement de ces mêmes intérêts n'est, en quelque sorte, qu'un accident.

M. Feuilleret a été frappé de cette déplorable inconséquence.

Il s'est voué, sous le patronage de l'Université, au professorat du notariat, et, grace à lui, la cléricature notariale a cessé d'être un noviciat stérile et décourageant.

De nombreux suffrages et des succès qui ont dépassé toutes ses espérances, ont déterminé M. Feuilleret à publier sous le titre d'*École théorique et pratique du notariat*, le résumé de ses leçons depuis longtemps annoncé au public.

Un ouvrage conçu et exécuté dans de pareilles conditions devait porter un cachet particulier ; aussi l'œuvre de M. Feuilleret ne ressemble à aucune autre.

Les recueils qui ont paru de nos jours, sous les noms de *Massé*, de *L'Herbette*, d'*Augan*, de *Cellier*, de *Clerc*, ne sont pas sans doute dépourvus de mérite ; mais ils ne consistent, après tout, qu'en une agglomération de formules arides, sans liaisons entre elles ; ce sont plutôt des dictionnaires que des traités. L'élève y peut trouver quelques notions de routine sur certaines parties de sa profession future, mais non y puiser la connaissance de l'ensemble, qui seul constitue la science.

M. Feuilleret a voulu présenter, tout à la fois, l'enchainement et la raison de tous les actes qui appartiennent au ministère du notaire, et il y est heureusement parvenu par le secours successif de l'analyse et de la synthèse.

Nous ne suivrons pas l'auteur dans les détails qu'il donne de sa méthode avec une netteté et une précision telles qu'elles suffisent pour en faire concevoir la plus haute idée.

Des tableaux synoptiques présentent, à côté de l'indication de chaque nature de contrats, la citation des articles des Codes qui s'y rattachent; puis l'annotation des monuments de la jurisprudence qui en fixent le sens et en limitent la portée; puis encore les droits d'enregistrement et ceux d'hypothèques que ce contrat comporte.

Ces tableaux sont autant de cadres dont la seule intuition suffit pour initier l'élève dans la connaissance des actes et de tous leurs accessoires nécessaires.

Viennent ensuite les formules mêmes de ces actes, accompagnées d'annotations critiques qui expliquent pourquoi telle marche a été suivie, pourquoi telle autre eût été dangereuse, qui font voir le but et marquent l'écueil.

C'est ainsi que l'esprit de la loi se grave dans la mémoire de l'élève par l'intelligence et le commentaire des formules.

Des citations nombreuses, fruit de profondes études du professeur, épargnent aux lecteurs de fastidieuses recherches et la perte d'un temps précieux.

Il semble, à la lecture de certains actes, que la langue française est restée stationnaire pour le notariat; on y remarque des expressions dont le moindre inconvénient est d'être surannées, et dont la bizarre redondance obscurcit les idées du lecteur au lieu de les fixer.

M. Feuilleret a courageusement attaqué ce vieil abus; il interroge chacune de ces locutions sur son origine et son but; dès qu'il a constaté que la fonction qu'elle remplit est douteuse ou mal définie, il la supprime ou la remplace par des termes plus clairs, par cela seul qu'ils sont mieux adaptés à la pensée du notaire rédacteur.

Cette partie philologique du cours de M. Feuilleret sera lue avec autant d'intérêt que de fruit, même par ceux qu'un respect puéril attache encore au vieux style du Châtelet de Paris. »

Signé LATRUFFE-MONTMEYLIAN,
Avocat aux conseils du Roi, et à la Cour de cassation.

COMPTE-RENDU DANS LE JOURNAL DE L'ÉCOLE DE DROIT DE PARIS.

« Quand on considère l'immense responsabilité que le notaire assume dans les circonstances où l'appelle son ministère, l'importance de sa mission dans la société, la gravité de ses fonctions près de la famille, les conséquences fatales et parfois la ruine complète où peut l'entraîner la moindre erreur dans la rédaction de ses actes, on a peine à comprendre qu'une science si aride, si ardue, si compliquée de texte et de formules, n'ait point d'interprètes dans notre Faculté de droit, et que les aspirants au notariat soient réduits pour toute ressource à croupir durant plusieurs années dans la poussière des études, sans accélérer ce noviciat abrutissant par des leçons et des travaux raisonnés.

» M. Feuilleret, ancien notaire, qui depuis longtemps s'est consacré avec succès et sous le patronage de l'Université au professorat du notariat, vient de publier le résumé de ses leçons sous le titre de *Ecole théorique et pratique du Notariat*.

» Dans une analyse rapide et concise, le professeur explique sa méthode qui a du moins l'incontestable avantage d'être claire, nette, précise, et de pouvoir servir de fil conducteur aux jeunes étudiants et même aux plus anciens praticiens, dans ce dédale de formules et de lois.

» Après avoir exposé dans des tableaux synoptiques, qu'un seul coup d'œil embrasse, les différents états qui servent de base aux différents textes successifs que le notaire est appelé à rédiger, M. Feuilleret les fait suivre de la formule même de ses actes, et ensuite de réflexions en forme critique qui expliquent pourquoi la marche indiquée doit être suivie et comment tout autre serait mauvaise.

» Ainsi l'esprit de la loi se grave dans la mémoire et dans l'intelligence de l'élève simultanément avec les textes correspondants et la lettre des formules.

» De nombreuses citations qui font honneur aux études consciencieuses du professeur, épargnent au lecteur de fastidieuses recherches et la perte d'un temps précieux.

» Nous ne saurions donner trop d'éloges à M. Feuilleret, pour avoir osé, le premier, dégager la science du notariat de ses formules surannées qui, non-seulement sont conçues le plus souvent en termes bizarres, mais de plus n'expriment pas fidèlement les idées et exposent ainsi l'esprit à de graves erreurs. L'attachement religieux d'un grand nombre de notaires pour ces formules, s'explique d'autant plus difficilement qu'ils pourraient en adopter qui fussent plus claires et mieux adaptées aux idées, sans s'imposer l'obligation de faire une étude nouvelle des règles concernant les actes de leur ministère. Ce n'est pas un changement de système dans la rédaction des actes qu'il s'agit d'introduire dans l'étude du notaire, mais une simple modification des formules, qui n'en constituent que la plus faible partie. Nous serions charmés que, sous ce rapport, les efforts de l'auteur fussent couronnés de succès.

» Désormais tous ceux qui se consacreront au notariat, auront pour se guider d'autres modèles que la froide copie d'actes isolés, dont le plus souvent l'élève ne pouvait ni discerner le but ni saisir la pensée. »

Signé Riva, Pijeon,
Avocats à la Cour royale de Paris,

Mazerat, docteur en droit.

COMPTE-RENDU DANS LE JOURNAL LE CONTROLEUR-GÉNÉRAL

« Les détracteurs du Notariat ne manquent pas d'en rétrécir les fonctions dans les limites rigoureuses de l'article 1er de la loi du 25 ventôse an XI : *donner l'authenticité aux conventions des parties, en conserver les minutes, et délivrer des expéditions.* Nous pensons, nous (et tous les bons esprits seront de notre opinion), que cette profession, outre les habitudes d'ordre et de méthode qui, à vrai dire, ne constituent qu'un mérite matériel, exige l'intelligence et la connaissance du droit civil dans toutes ses parties, un jugement sain et un talent d'appréciation qui ne peuvent s'acquérir que par une étude sérieuse et raisonnée. Au premier abord, nous redoutons les modèles et les Formulaires, parce qu'ils sont, au lieu d'une initiation au travail et à la méditation, un refuge pour ceux qui préfèrent apprendre vite et abréger, aux dépens de leur propre dignité, un stage forcément long et pénible. Mais, autant le formulaire est pernicieux pour ceux qui adopteraient le modèle sans le comprendre, autant il est utile lorsqu'il ne vient qu'à la suite d'une théorie, d'un cours complet, lucide et foncièrement exposé des matières notariales, comme partie seulement complémentaire de ce cours, après l'avertissement formellement exprimé que les besoins existent d'abord, et que les voies et moyens n'arrivent qu'ensuite; que ces besoins doivent être appréciés et conçus avant qu'il soit question des voies et moyens applicables à l'occurrence. Ceux qui se serviront de modèles sans s'être au préalable rendu compte des caractères particuliers de l'espèce qu'ils auront à traiter, sans avoir le savoir indispensable pour distinguer ce qui, dans ce modèle, peut convenir à l'espèce, et ce qui ne convient pas, peuvent être comparés aux empiriques qui n'ont qu'un même remède pour toutes sortes de maux : remède salutaire pour un malade peut-être qui s'en trouvera bien, mais mortel pour vingt autres....

Nous proscrivons les modèles mis trop facilement à la portée des commençants, et nous ne voyons pas sans inquiétude, chez un clerc, cet empressement à recueillir copies des actes qui passent sous ses yeux : ce savoir pratique, rapide et prématuré, est riche de traditions et de formules, mais pauvre de véritable science et de discernement. Cela était tout au plus supportable quand les notaires s'appelaient *gardes-notes.* Aujourd'hui l'on cherche dans un notaire le jurisconsulte, le jurisconsulte pour la rédaction, comme l'avocat est jurisconsulte pour la plaidoirie. Cette préférence pour une étude facile, facilitée non sans danger par des formules, est une faute grave de la part des jeunes gens qui seraient à portée d'étudier plus solidement; c'est souvent une nécessité fâcheuse pour ceux qui font leur stage dans les localités excentriques, hors d'état de recevoir les conseils et de suivre les bons exemples des maîtres. C'est surtout à cette classe de stagiaires que nous recommandons l'ouvrage de M. Feuilleret, ancien notaire.

M. Feuilleret entend l'enseignement du notariat comme Pigeau entendait le cours de procédure civile : le besoin d'abord, l'explication de toutes les circonstances, de tous les accidents qui peuvent accompagner un contrat à faire, la solution de ces difficultés ; et ensuite, mais à la fin seulement de toutes ces explications données avec méthode et avec logique, les modèles. modèles simples pour les cas simples, et plus libellés pour les cas complexes.

Nous trouvons véritablement ingénieux le procédé de cet enseignement, et, pour en donner un exemple, l'auteur, en commençant son chapitre *de la vente*, observe que très fréquemment on vend par mandataire : de là la convenance de traiter du mandat et de la procuration ; la procuration doit être spéciale.

Le rédacteur d'une telle procuration doit donc savoir tout ce qui doit se passer, soit naturellement, soit accidentellement dans la vente, avant et après la vente. On voit la procuration reprendre ici son premier rang dans les rudiments du notariat et de la cléricature ; il est vrai de dire que cet acte, pour être bien fait, est celui qui exige le plus de connaissances ; et cependant c'est celui qui, le plus communément, se rédige avec l'aide du formulaire ; quand la formule est extraite, on ferme le livre et on n'y pense plus.

M. Feuilleret place ensuite, dans l'histoire synthétique du contrat de vente et de ses accidents, un paiement avec une déclaration d'origine de deniers, une clause de subrogation. Arrivent successivement l'obligation de ce prêt ; un transport de cette créance ; l'explication des formalités hypothécaires à observer, etc. Quand un clerc studieux a saisi l'esprit et la bonne exécution de ces préceptes, il est dans la bonne voie pour devenir un praticien éclairé.

Nous ne nous attachons pas à la partie grammaticale de l'ouvrage, c'est à dire à la critique que fait M. Feuilleret du style notarial usité jusqu'à ce jour, et aux réformes qu'il veut y introduire. Le style des protocoles diplomatiques a changé, nous ne voyons pas pourquoi le style des actes notariés ne changerait pas, pourquoi ce serait l'arche sainte, à laquelle on ne pouvait porter la main sans être frappé de mort. Cette réforme dépend de MM. les notaires, et nous la voyons s'introduire d'elle-même dans les actes présidés par les notaires séculiers, c'est à dire chez qui la règle n'a pas asservi l'esprit. Mais ce qui est à remarquer dans les leçons de M. Feuilleret, c'est qu'il a soin d'expliquer, avant de proposer un changement au style, que ce changement peut se faire, et comment il peut se faire sans inconvénient...... Ces détails sont encore un enseignement utile. »

Signé Vilcoq,
Ancien notaire à Paris.

QUARANTE-QUATRIÈME MARCHE D'AFFAIRES.

VENTE.

DROITS d'hypothèques.	DROITS d'enregistrement.	ARTICLES des CODES.	EXPLICATIONS et interprétations des textes des Codes, et jurisprudence qui s'y rattache. Suivez l'ordre alphabétique.	NATURE DES CONTRATS et des actes.
» »	2 f. »	1984 et s., 1103, 1184, 1341, 1338, 1347, 1997, 1998, 2064, 217, 219, 476 et s., 1029, 1030, 1124 et s., 1241, 1305, 1312, 1410, 1413, 1417, 1424.	Proc., t. II......	1° Procuration à l'effet de vendre un immeuble. 2° Procuration à l'effet d'acquérir cet immeuble.
Ce droit se trouve compris dans celui ci contre, loi du 28 avril 1816, art. 52.	5 fr. 50 %	1582 et s., 711, 1101, 1102, 1107 et s., 1108, 1109 et s., 1134, 1138, 1168 et s., 1181, 1184 et s., 1189. 1220, 1221, 1586, 1587, 1588, 1629 et s.	V. et acq., *id*...	3° Vente et acquisition de cet immeuble en vertu des procurations qui précèdent.
» »	1 f. du %	1895, 1134, 1153, 1239, 1243, 1245. Liège, 15 mai 1810.	Oblig., *id*......	4° Obligation, par le mandataire des acquéreurs, d'une somme de 35,000 fr. empruntée pour payer le prix de cette vente avec promesse de déclarer l'origine des deniers dans le but de faire la subrogation au profit du prêteur.
» »	» f. 50 c. du %	874, 875, 1250, 1252 C. civ.	Quitt., *id*......	5° Quittance contenant subrogation au profit du créancier, qui a prêté somme suffisante destinée à payer le montant du prix de cette vente.
50 c. fixe, salaire.	» »	2148, 2149, 2150, 2153, 2200.	Extr., t. III . .	6° Extrait de cette quittance pour faire, au bureau des hypothèques, la mention de la subrogation qu'elle renferme.
» »	» »	» »	Extr., *id*........	7° Extrait des procurations ci-devant énoncées, à mettre à la suite de celui de la quittance.
» »	» »	» »	Ment., *id*.	8° Mention à mettre au bas de cet extrait.
» »	1 fr. du %.	1607, 1689, 1690 et s.	Transp., t. II . .	9° Transport de cette créance, emportant de plein droit cession dans le bénéfice de l'inscription d'office et de la subrogation énoncées dans la quittance.
50 c. fixe, salaire.	» »	Mêmes articles du Code que ceux énoncés au n° 6 ci dessus.	Extr., t. III . . .	10° Extrait de ce transport pour faire, au bureau des hypothèques, la mention de la cession dans l'effet de l'inscription et de la subrogation.
» »	» »	» »	Ment., *id*. . . .	11° Mention à mettre à la suite de l'extrait qui précède.
» »	» f. 50 c. du %	1235	Quitt., t. II . . .	12° Quittance de la créance, contenant mainlevée et remise de pièces.
1 fr. Instruction de la Régie, 16 oct. 1810.	» »	2157.	Extr., t. III . . .	13° Extrait de la quittance pour faire radier l'inscription et la mention de subrogation.
Plus le dixième.				

N. I. PROCURATION A L'EFFET DE VENDRE UN IMMEUBLE.

Devant Me Tricard et son collègue, notaires à Rouen, département de la Seine-Inférieure.

M. Casimir *Delavigne*, propriétaire, et dame Victoire *Vernon*, son épouse, demeurant à Rouen, rue de Paris, n° 40,

« Mariés sous le régime de la communauté de
» biens, aux termes de leur contrat passé de-
» vant Me Sain et son collègue, notaires à Lyon,
» le... enregistré (1),

Choisissent et constituent pour leur mandataire spécial M. Eugène *Dupréau*, avocat, demeurant à Paris, rue de Sèvres, n° 120,

Auquel ils confèrent le droit, savoir :

M. *Delavigne* de vendre un domaine à lui appartenant, situé à Sceaux, département de la Seine, appelé *Bel-Air*, composé d'une habitation de maître et de bâtiments en dépendant, plus de 15 hectares 20 ares 12 centiares en terres, prés, vignes et bois, le tout tenant, du côté du midi à la propriété de..., du côté du nord à celle de..., du côté du levant au domaine de M. ..., et du côté du couchant à celui de M. ...;

Et la dame son épouse de céder l'hypothèque légale qu'elle a le droit d'exercer contre son mari et sur ses biens; mais seulement en ce que cette hypothèque pèse sur le domaine et sur les dépendances dont il s'agit,

A toute personne d'une solvabilité notoire, aux charges, clauses, conditions et au prix qu'il jugera les plus avantageux;

Faire la vente et la cession de la part des comparais-

(1) Ou, « mariés sous le régime de la communauté légale de biens, » attendu qu'ils n'ont point fait de contrat de mariage, » ou « séparés de » biens, aux termes, etc., ainsi qu'ils le déclarent ou affirment. »

sants avec la garantie de droit, chacun en ce qui le concerne; obliger le sieur *Delavigne* au rapport des mainlevées d'inscriptions qui grèvent ou pourront grever ledit domaine et ses dépendances; établir l'origine de la propriété; fixer l'époque de l'entrée en jouissance; accorder délai pour le payement du prix de la vente et de la cession; stipuler des intérêts ou recevoir le prix comptant, en donner quittances et décharges valables, par suite faire la remise des titres et pièces, en retirer décharges; consentir, s'il est nécessaire, à toutes mentions et subrogations avec ou sans garantie; faire, sous les peines de droit, les déclarations relatives à l'état civil du sieur *Delavigne*.

POUVOIRS JUDICIAIRES.

En raison de ce qui précède, ou s'il s'élevait quelques contestations, faire les poursuites et contraintes nécessaires; citer et comparaître, tant en demandant qu'en défendant, devant les juges de paix, s'y concilier si faire se peut, dans le cas contraire plaider, opposer, appeler, élire domicile, constituer avoués et défenseurs officieux, les révoquer, en nommer d'autres, choisir des experts, arbitres et tiers-arbitres, leur conférer toutes autorisations; obliger le constituant à ne pouvoir appeler de la décision desdits experts par requête civile ou cassation;

Suivre sur toutes contestations devant les tribunaux supérieurs, obtenir jugements, en suivre les effets, s'en désister, en appeler et défendre sur appel, se pourvoir en cassation ou en conseil d'état; traiter, composer, transiger, compromettre sur les points et sur les difficultés qui pourraient naître;

Obtenir jugements, pratiquer saisies, former oppositions, prendre inscriptions, du tout limiter l'effet, donner mainlevées pures et simples, conditionnelles ou partielles, suivre les saisies-brandons et exécutions de meubles et expropriations forcées, remplir les formalités exigées en pareil cas par la loi, introduire tous ordres, y produire toutes pièces, s'y faire colloquer utilement, contester ou approuver la collocation des créanciers, requérir la délivrance des bordereaux de cette collocation, en toucher le montant, en fournir quittance; faire la remise des titres et pièces, donner tous consentements, suivre l'exécution des contraintes par corps jusqu'à détention; faire tous écrous, recommandations et consignations, en consentir mainlevée, substituer dans tout ou partie des présents pouvoirs;

A l'effet de ce qui précède, passer et signer tous actes, élire domicile et faire ce qui sera nécessaire aux intérêts des constituants.

La présente procuration est passée à Rouen dans l'étude de Me Tricard, l'un des notaires susnommés.

L'an 1834, le 1er janvier.

Après lecture les parties et les notaires ont signé.

N. II. PROCURATION A L'EFFET D'ACQUÉRIR L'IMMEUBLE DONT IL S'AGIT.

Devant Me Rozier et son collègue, notaires à Lyon, département du Rhône,

M. Apollinaire *Aumasson*, rentier, et dame Clémentine *Chevallier*, son épouse, demeurant à Lyon, rue de la Préfecture, n° 4,

Choisissent et constituent pour leur mandataire spécial, M. Jules *Franon*, avocat, demeurant à Paris, rue d'Ulm, n° 10,

Auquel ils confèrent le droit d'acquérir de M. Casimir *Delavigne*, propriétaire, et de dame Victoire *Vernon*, son épouse, demeurant à Rouen, rue de Paris, n° 40, aux charges, clauses, conditions et aux prix les plus avantageux, savoir : 1° de M. *Delavigne*, un domaine à lui appartenant situé à . . .; 2° de la dame *Delavigne*, l'hypothèque légale qu'elle a le droit d'exercer contre son mari, mais seulement en ce que cette hypothèque frappe ledit domaine et ses dépendances;

Obliger les constituants solidairement au paiement du prix et des intérêts qui pourront être stipulés, ainsi qu'à l'exécution des charges qui seront imposées; se faire remettre les titres et pièces, en donner décharge, signer le contrat de vente et la cession, faire des offres de paiements, provoquer tous ordres, payer les créanciers colloqués ou faire toutes consignations, former les demandes en mainlevées, constituer avoués et avocats, les révoquer, en nommer d'autres, élire domicile;

Emprunter d'une ou de plusieurs personnes la somme suffisante pour payer le montant des prix de la vente et de la cession projetées, ensemble les intérêts qui pourront être dus, et cela pour le temps, aux taux d'intérêts et aux conditions que le mandataire jugera convenables; obliger les constituants solidairement avec leurs héritiers ou ayants-cause au remboursement du capital et au paiement des intérêts, le tout aux époques et de la manière qui seront arrêtées; déclarer dans la quittance authentique du prix de la vente, l'origine des deniers dans le but de faire subroger les prêteurs dans les droits, privilège, hypothèque et actions en résolutions desdites vente et cession, particulièrement dans le bénéfice de l'inscription qui pourrait être prise d'office, ou autrement contre les acquéreurs;

Intervenir dans les transports, cessions, délégations, subrogations et antichrèses, les accepter et les tenir pour signifiés, par suite, s'il y a lieu, déclarer qu'il n'existe ni saisie ni opposition entre les mains des époux *Aumasson* sur le vendeur et sur la cédante, auxquels ils n'ont aucune compensation de payement à opposer, les obliger toujours solidairement au payement et au remboursement de cette créance en principal et intérêts aux époques qui y seront fixées ;

Payer et rembourser à qui de droit cette somme principale, les intérêts et les frais, en retirer quittance et décharges valables, exiger mainslevées des oppositions et des inscriptions ainsi que les radiations, se faire remettre les titres et les pièces, en donner décharges valables.

(Nota. *Ajouter ici le pouvoir judiciaire*, *voy.* p. 13.)

A l'effet de ce qui précède, passer et signer tous actes, élire domicile et faire ce qui sera utile aux intérêts des constituants.

La présente procuration est passée à Lyon dans l'étude de Me Rozier, l'un des notaires susnommés.

L'an 1834, le 10 janvier.

Après lecture, etc.

N. III. VENTE ET ACQUISITION D'IMMEUBLES EN VERTU DES PROCURATIONS QUI PRÉCÈDENT.

Devant Me Delaloge et son collègue, notaires à Paris,

M. Eugène *Dupréau*, avocat, demeurant à Paris, rue de Sèvres, n° 120,

« Aux noms de M. Casimir *Delavigne*, pro-
» priétaire, et de dame Victoire *Vernon*, son
» épouse, demeurant à Rouen, rue de Paris,
» n° 40, en vertu des pouvoirs qu'ils lui ont
» conférés, entre autres choses, aux effets
» ci-après, suivant acte passé devant Me Tricard
» et son collègue, notaires à Rouen, le 1er jan-
» vier 1834, enregistré, et dont le brevet reste

» ci-joint, après avoir été certifié véritable et » signé par le sieur *Dupréau*, en présence des » notaires susnommés; acte dans lequel les man- » dants ont déclaré être communs en biens, »

D'une part,

Et M. Jules *Franon*, aussi avocat, demeurant à Paris, rue d'Ulm, n. 10,

« Comme fondé de la procuration que lui ont » donnée M. Apollinaire *Aumasson*, rentier, et » dame Clémentine *Chevallier* son épouse, de- » meurant à Lyon, rue de la Préfecture, n. 4, » pour acquérir le domaine ci-après désigné, » par acte passé devant Me Rozier et son col- » lègue, notaires à Lyon, le dix janvier mil huit » cent trente-quatre, enregistré, et dont le bre- » vet reste ci-joint après avoir été certifié véri- » table et signé par le sieur *Franon*, en présence » des notaires susnommés,

D'autre part,

Vont réaliser et faire ce qui suit :

M. *Dupreau* aux noms :

1° De M. *Delavigne*, vend avec la garantie de droit;

2° De la dame *Delavigne*, fait avec toute garantie la cession de l'hypothèque légale qu'elle a le droit d'exercer contre le sieur son mari; mais seulement en ce qu'elle pèse sur les biens ci-après désignés, (1)

A M. et à Mme *Aumasson*, ce que M. *Franon*, leur mandataire, accepte,

Un domaine et ses dépendances, situés à Sceaux, département de la Seine, appelé *Bel-Air*, composé... etc.

Dans l'état où ils se trouvent et sans garantie de mesure,

(1) *Voy.* C. civil, 1129, 1156, 1166; Proudhon, nos 2333, et 2336, M. Rolland de Villargues, t. IV, 1re édition, n° 90, 91, 94, 104, 105, pages 200 et suiv.

dont le plus comme le moins, fût-il au delà d'un vingtième, sera au profit ou à la perte des acquéreurs; M. *Franon*, mandataire, déclare connaître lesdits biens pour les avoir vus, visités et en être satisfait (1618-1619, C. civ.).

BAIL.

Ce domaine et ses dépendances sont affermés par M. *Delavigne* pour neuf années entières commencées le... à M... et à dame ... son épouse, demeurant à..., moyennant, outre les charges ordinaires et de droit, la somme de... de fermage annuel qu'ils se sont engagés solidairement à acquitter envers le bailleur, en un seul paiement, le onze novembre de chaque année, dont le premier a eu lieu le..., et le dernier le..., aux termes d'un acte passé devant Me Desgranges et son collègue, notaires à Sceaux, le..., enregistré.

PROPRIÉTÉ.

Ce domaine appartient à M. *Delavigne*, en qualité d'héritier pour un tiers de Mme .... (*Etablir la propriété au moins jusqu'à trente ans.*)

JOUISSANCE.

M. et Mme *Aumasson* disposeront de ce domaine et de ses dépendances en nue propriété à compter de ce jour et, à l'égard de la jouissance, par la perception des fermages, à dater du......

CHARGES.

M. *Dupréau*, aux noms de ses mandants, fait cette vente et cette cession aux charges, clauses et conditions ci après stipulées, que M. *Franon* engage solidairement M. et Mme *Aumasson*, à exécuter :

1° A prendre ce domaine et ses dépendances dans l'état où ils se trouvent;

2° A acquitter, à partir du...., les contributions foncières et accessoires dus à cause desdits biens;

3° A souffrir les servitudes passives, occultes ou apparentes dont ce domaine et ses dépendances peuvent être grèvées, en profitant de celles actives, s'il en existe, le tout à leurs risques et périls (689-691, C. civ.);

4° A exécuter, à partir du..., le bail sus-énoncé, dont M. *Dupréau* vient de remettre la grosse à M. *Franon* qui le reconnait en sa qualité susdite;

5° A payer les froits et les honoraires de cet acte et ceux auxquels il pourra donner ouverture.

PRIX.

Indépendamment des charges qui précèdent, M. *Dupréau*, aux noms de ses mandants, fait ces vente et cession aux époux *Aumasson*, moyennant la somme de 35,000 fr., dont 30,000 fr. pour la vente, et 5,000 fr. pour la cession limitative de l'hypothèque légale de la dame *Delavigne*, pesant seulement sur le domaine et sur les dépendances dont il s'agit (1),

M. *Franon* oblige ses mandants solidairement et leurs héritiers à payer cette somme totale aux vendeurs dans l'étude de Me Delaloge, l'un des notaires susnommés, le... et jusqu'à leur libération à en servir pareillement au même lieu, tous les six mois, les intérêts au taux de cinq pour cent par an sans retenue.

RÉSERVE DE PRIVILÈGE.

A la garantie du prix principal et des intérêts de la présente vente, le domaine et les dépendances dont il s'agit restent affectés, par privilège expressément réservé

(1) Sur les 5,000 fr., le receveur ne doit prendre que 2 fr. 20 c. du cent comme droits incorporels, payables à une époque indéterminée.

Voy. Loi du 22 frimaire an 7, art. 69, § 5, n° 2, et une Instruction gén. 29 juin 1828, n° 386.

au vendeur et sont hypothéqués par le sieur *Franon* en sa qualité susdite au profit de la dame *Delavigne* pour sûreté de sa cession, intérêts, frais et accessoires.

PURGE DES HYPOTHÈQUES.

M. *Franon* oblige solidairement M. et Mme *Aumasson* ses mandants, comme condition essentielle et suspensive (1) des présentes vente et cession, et sans lesquelles elles n'eussent pas été consenties de la part du mandataire des époux *Delavigne*, à remplir, aux frais des acquéreurs, dans le délai de cinq mois, et avant aucune aliénation des immeubles, et de l'hypothèque légale dont il s'agit, les formalités de transcription et de purge légale relatives au domaine qui fait l'objet de cet acte, et si, durant cet accomplissement, il y a ou survient des inscriptions provenant du fait du sieur *Delavigne* ou des précédents propriétaires, M. *Dupréau* l'engage à en rapporter à ses frais mainlevée et certificat de radiation aux acquéreurs dans le mois qui suivra la dénonciation desdites inscriptions au domicile par eux ci-après élu.

ÉTAT CIVIL DE M. DELAVIGNE, VENDEUR.

M. *Dupréau*, pour M. *Delavigne*, son mandant, déclare sous les peines de droit :

1° Qu'il n'a pas contracté d'autre mariage que celui qui l'unit à la dame *Vernon*, avec laquelle il est commun en biens aux termes de leur contrat passé devant Me Sain et son collègue, notaires à Lyon, le..., enregistré, et dont l'expédition vient d'être remise au sieur *Franon*, audit nom, qui le reconnaît (C. civ., art. 1689).

2° Qu'il n'est et n'a jamais été tuteur, comptable ni caution de comptable de deniers publics;

3° Que le domaine et les dépendances qui font

(1) *Voy.* un arrêt de la Cour de Dijon du 31 juillet 1817 et l'art. 1184 du Code civil, concernant la condition suspensive.

l'objet de cet acte, sont libres de priviléges et d'hypothèques;

4° Que la dame *Delavigne* n'a fait aucune cession ni subrogation générale ni limitative dans le bénéfice de l'hypothèque légale qu'elle a le droit d'exercer contre son mari et sur ses biens.

REMISE DE TITRES.

Lors du payement définitif du prix de cette vente, il sera remis aux acquéreurs par le mandataire du sieur *Delavigne* et de la dame son épouse :

1° L'expédition, etc.

(Nota. *Analyser ici succinctement les titres et pièces en commençant par les plus nouveaux.*)

ÉLECTION DE DOMICILE.

Pour l'exécution de ce qui précède, les parties élisent domicile à...

Le présent acte est passé à Paris, dans l'étude de Me Delaloge, l'un des notaires susnommés.

L'an 1834, le 1er février.

Après lecture, etc.

N. IV. OBLIGATION, PAR LE MANDATAIRE DES ACQUÉREURS, D'UNE SOMME DE 35,000 FR. DESTINÉE A PAYER LE PRIX DE LA VENTE QUI PRÉCÈDE.

DEVANT Me Delaloge et son collègue, notaires à Paris,

M. Jules *Franon*, avocat, demeurant à Paris, rue d'Ulm, n° 10,

« Comme mandataire de M. Apollinaire *Au-*
» *masson*, rentier, et de dame Clémentine
» *Chevalier*, son épouse, demeurant à Lyon,
» rue de la Préfecture, n° 10, en vertu de

» la procuration qu'ils lui ont donnée entre au-
» tres choses aux effets ci-après, par acte passé
» devant Me Rozier et son collègue, notaires à
» Lyon, le 10 janvier 1834, enregistré, légalisé,
» et dont le brevet reste joint à la minute de la
» vente dont il va être ci-après question,

D'une part,

Et M. Casimir *Venière*, docteur en médecine, demeurant à Paris, rue Saint-André-des-Arts, n° 4,

D'autre part,

Vont réaliser les conventions suivantes :

M. *Venière* vient de prêter à la vue des notaires, en espèces métalliques d'or et d'argent ayant cours,

A M. *Franon*, pour M. et Mme *Aumasson* ses mandants, ainsi qu'il le reconnaît,

La somme de 35,000 francs destinée à l'emploi dont il sera ci-après parlé.

M. *Franon* oblige solidairement ses mandants et leurs héritiers (1) à rendre cette somme à M. *Venière* dans sa demeure à Paris, le....

Et jusqu'à son remboursement effectif, il les engage tous solidairement à en servir les intérêts aux taux de cinq pour cent par an sans retenue, payables annuellement à partir de ce jour, aussi dans la demeure du créancier à Paris. (Cass., 10 octobre 1811.) (2)

Les paiements des intérêts et le remboursement de cette créance principale ne pourront être effectués autrement qu'en espèces métalliques d'or et d'argent, sans pa-

(1) *Voy.* les art. 870, 873, 1213, 1221, 2114 C. civ. ; Delv., p. 140, n° 6.

(2) C'est à tort si dans la pratique on stipule que les intérêts seront payés avant l'année expirée. Cet usage est indubitablement contraire à l'esprit de la loi (art. 1154) ; c'est par induction aussi de cet article que la plupart des professeurs de la Faculté de droit de Paris pensent que cette stipulation constitue une véritable usure.

pier ni billet, lors même que le cours en serait forcé, en vertu de lois ou ordonnances qui introduiraient un autre mode de libération à ce contraire et au bénéfice desquelles M. *Franon* renonce d'honneur par le présent acte pour les époux *Aumasson*.

Si, nonobstant cette condition stipulée ici de rigueur, et sans laquelle M. *Venière* n'eût pas fait le présent prêt, M. et Mme *Aumasson* venaient à y faire infraction en usant du bénéfice que cette nouvelle loi leur accorderait, le prêteur aurait dès lors le droit d'exiger le paiement de ces intérêts et le remboursement de cette créance principale en lingots d'or et d'argent pur et sans mélange, à raison de... le kilogramme d'or, et de... le kilogramme d'argent, ou bien en nature de blé froment première qualité, loyal et marchand, au prix fixé par la mercuriale du marché du canton de..., marché qui précèderait immédiatement : 1° l'échéance de chaque terme des intérêts; 2° celle du remboursement de la créance principale;

A défaut de paiement de deux termes consécutifs desdits intérêts à leur échéance, M. *Venière* aura le droit, si bon lui semble, d'exiger le remboursement de cette créance totale, ainsi que le paiement des intérêts qui pourront être dus; ce défaut de paiement se trouvera suffisamment constaté par un commandement resté infructueux dans la quinzaine de sa date. (1229 C. civ.)

Dans le cas où les débiteurs vendraient tout ou partie des biens ci-après désignés, ou si les époux *Aumasson* étaient saisis mobilièrement ou immobilièrement avant l'époque de l'exigibilité de la créance précitée, M. *Venière* aurait alors le droit d'exiger, si bon lui semblait, le remboursement de ce prêt, ainsi que le paiement des intérêts.

M. et Mme *Aumasson* ne pourront se libérer de cette somme principale avant le délai de... années, à dater de ce jour, à moins que le créancier y consente, ce terme étant fixé en sa faveur. (1187, C. civ.)

Arrivant l'époque de l'exigibilité de cette créance, M. *Venière* pourra, s'il le juge à propos, refuser le remboursement de ce prêt et le proroger pour le temps qui lui conviendra, pourvu toutefois que le nouveau délai n'excède pas..... années, à compter de l'expiration des.... ans dont il s'agit, mais sous les mêmes conditions que celles ci-dessus arrêtées. Néanmoins cette somme de 35,000 francs ne produira plus intérêts qu'au taux de 4 pour cent par an, sans retenue, à partir de l'expiration de ces... années.

Pour ajouter à la sûreté qui va être ci-après donnée,, M. *Franon* engage M. et Mme *Aumasson* à faire assurer à leurs frais, dans la quinzaine, contre les risques de l'incendie, les bâtiments assis sur le domaine dont il va être ci-après parlé, et à faire renouveler cette assurance jusqu'à l'extinction de cette créance en principal et intérêts;

En sa qualité de mandataire il oblige ses commettants solidairement à remettre, par forme de nantissement, au sieur *Venière* la police de cette assurance ou renouvellement, dans la quinzaine au plus tard de sa date, sinon il aura le droit, dans l'un ou l'autre de ces deux cas, de demander le remboursement de la créance principale, ainsi que le paiement des intérêts, nonobstant le délai de libération ci-dessus accordé pour le principal; lequel refus se trouvera suffisamment justifié par une sommation restée sans effet dans la quinzaine de sa date;

Toutefois si cette mise en demeure était sans résultat dans le délai ci-dessus prescrit, le créancier aurait dès lors le droit de conserver ce placement et de faire assurer personnellement et en son nom, les bâtiments dont il s'agit, par telle compagnie qui lui conviendrait et de se faire rembourser de suite par les emprunteurs toutes les sommes et frais qu'il paierait à cause de cette assurance.

En vertu du présent acte, M. *Venière* aura le droit de toucher et de recevoir de la Compagnie d'Assurances, par préférence à ses débiteurs et à toutes autres personnes, la somme qui lui sera due en principal, intérêts, frais et accessoires, dans le montant de l'indemnité dont il s'agit.

A la garantie de cette créance en principal, intérêts et frais, le domaine de *Bel Air* et ses dépendances, situés à..., consistant en... continueront d'être grevés par subrogation dans le bénéfice de l'hypothèque conventionnelle et du privilège y attaché, attendu l'emploi de ce prêt au payement des prix des vente, cession, et des intérêts dont on va parler;

M. et Mme *Aumasson* sont devenus propriétaires dudit domaine et dépendances appartenant à M. Casimir *Delavigne*, rentier, et cessionnaires limitativement dans le bénéfice de l'hypothèque légale de madame Victoire *Vernon*, son épouse, demeurant à Paris, rue de Rouen, n. 40, seulement en ce qu'elle frappait sur ces biens; le tout moyennant la somme totale de 35,000 fr, stipulée exigible le..... avec les intérêts à 5 p. 100 par an, sans retenue, payables tous les six mois à partir du jour de la transmission de cette propriété, suivant acte passé devant Me Delaloge et son collègue, notaires à Paris, le 15 février 1834, enregistré;

L'expédition de cet acte a été transcrite au bureau des hypothèques de Sceaux, le..., vol..., n...

Lors de cette transcription et pendant la quinzaine qui la suivit il ne s'est trouvé ni n'est survenu aucune inscription sauf 1° celle d'office pour sûreté du prix de cette vente, le..., vol..., n..., 2° celle conventionnelle prise le..., vol...., n...., contre les époux *Aumasson*, au profit de la dame *Delavigne*, pour garantie du prix principal de sa cession de 5,000 francs, plus des intérêts, frais et accessoires, ainsi que l'attesta le conservateur dudit bureau, par deux certificats qu'il a délivrés le premier, le..., le second, le...

Toutes les formalités relatives à la purge des hypothèques légales ont été aussi remplies conformément à la loi; durant leur accomplissement il ne s'est trouvé ni n'est survenu aucune inscription, si ce n'est les deux inscriptions dont on vient de parler, ainsi qu'il résulte d'un autre certificat délivré par le même conservateur à la date du...

M. *Franon*, au nom de M. et de Mme *Aumasson* ses mandants, déclare que la somme qu'il vient d'emprunter pour eux est destinée à payer la totalité des prix des vente et cession dont il s'agit, promettant d'effectuer incessamment cet emploi et de déclarer, dans la quittance notariée qu'il en retirera l'origine des deniers dans le but d'obtenir en faveur du sieur *Delavigne*, conformément à l'article 1250 du Code civil, subrogation pleine et entière dans les droits, actions en résolution (1), hypothèque et privilège des vente et cession ci-dessus énoncées contre les époux *Aumasson*, particulièrement dans l'effet des inscriptions d'office et conventionnelle, prises aux époques susénoncées.

M. *Franon* oblige en outre ses mandants à fournir à leurs frais, dans le mois à partir de ce jour, au sieur *Venière* l'expédition entière de la quittance qui constatera: 1° le paiement de la somme de 35,000 fr.; 2° la subrogation qui en sera la conséquence; 3° et le certificat attestant que cette subrogation aura été mentionnée au profit du sieur *Venière* au bureau des hypothèques de Sceaux;

Le tout à peine de restituer la somme ci-dessus prêtée et de répéter contre les époux *Aumasson* toutes pertes, dépens, dommages et intérêts; la seule échéance du terme constituera les débiteurs en demeure (1139 C. civ.).

Pour l'exécution des conventions qui précèdent, les parties élisent domicile, savoir: M. *Franon*, pour les époux *Aumasson*, à..., M. *Venière*, à...

(1) *Voy.* un arrêt de la Cour de Limoges du 27 novembre 1811, concernant l'action en résolution.

La présente obligation est passée à Paris dans l'étude de Me Delaloge, l'un des notaires susnommés.

L'an..., le...

Après lecture, etc.

N. V. QUITTANCE CONTENANT SUBROGATION AU PROFIT DE M. *VENIÈRE*, QUI A PRÊTÉ SOMME SUFFISANTE DESTINÉE A PAYER LE MONTANT DU PRIX DE LA VENTE QUI PRÉCÈDE.

DEVANT Me Delaloge et son collègue, notaires à Paris,

M. Eugène *Dupréau*, avocat, demeurant à Paris, rue de Sèvres, n. 120,

« Comme mandataire de M. *Delavigne*, etc. » (*Voy.* page 16) ».

Et M. Jules *Franon*, aussi avocat, demeurant à Paris, rue d'Ulm, n. 10,

« En qualité de mandataire de M. *Aumasson*, etc. (Pour les qualités, *voy.* page 17) ».

Croient nécessaire au préalable de dérouler les faits qui vont suivre, dans le but de faciliter l'intelligence de la présente quittance :

Par acte passé devant Me Delaloge et son collègue, notaires à Paris, le 1er février 1834, enregistré, M. *Dupréau*, comme mandataire des époux *Delavigne*, vendit et céda à M. et à Mme *Aumasson*, ce qui fut accepté par M. *Franon* leur mandataire, savoir : pour M. *Delavigne*, un domaine et ses dépendances, situés à Sceaux, appelés le *Bel Air*, composé..., et pour Mme *Delavigne*, son hypothèque légale contre son mari, mais seulement en ce qu'elle pesait sur lesdits biens, moyennant, y compris le prix de la cession de la dame *Delavigne*, la somme de 35,000 fr., qui fut stipulée exigible le..., avec les intérêts au taux de 5 p. 100 par an, sans retenue, payables tous les six mois, à dater du jour de cet acte, le tout à...

L'expédition de ce contrat fut transcrite au bureau des hypothèques de Sceaux, le..., vol..., n°...

Lors de cette transcription et pendant la quinzaine qui la suivit, il ne se trouva ni ne survint aucune inscription, sauf 1° celle d'office pour sûreté du prix de la vente, le..., vol..., n°..., 2° et celle conventionnelle prise le..., vol..., n..., contre les époux *Aumasson* au profit de la dame *Delavigne*, pour garantie de la cession limitative de son hypothèque légale dont on vient de parler, ainsi que le constate le conservateur dudit bureau, par deux certificats qu'il a délivrés, le premier, le..., et le second, le...

Toutes les formalités relatives à la purge des hypothèques légales furent aussi remplies conformément à la loi; durant cet accomplissement, aucune inscription ne se trouva ni ne survint, excepté celles dont il s'agit, ainsi qu'il résulte d'un autre certificat, délivré par le même conservateur à la date du...

M. *Franon*, sachant que ses mandants se trouvaient dans l'impossibilité de payer par eux-mêmes les prix de cette vente et de cette cession, emprunta à cet effet, en leur nom et pour se conformer à leur mandat, de M. Casimir *Venière*, docteur en médecine, demeurant à Paris, rue Saint-André-des-Arts, n° 4, une même somme de 35,000 fr., stipulée exigible le..., produisant intérêts à 5 p. 100 par an sans retenue, payables annuellement le... à partir du jour de ce prêt.

En vertu d'un autre acte passé devant ledit M° Delaloge et son collègue, notaires, le..., enregistré, M. *Franon* engagea ses mandants solidairement à déclarer, lors de la quittance authentique qu'ils en retireraient, l'origine des deniers pour faire subroger le sieur *Venière* dans les droits, actions en résolution, privilège et hypothèque du sieur *Delavigne* et de la dame son épouse, résultant de la vente et de la cession susénoncées;

M. *Franon*, à l'appui de cette subrogation, obligea ces derniers à fournir à leurs frais, dans le mois à partir du jour de ce prêt, à M. *Venière* : 1° l'expédition de la quittance renfermant cette déclaration et cette subrogation; 2° le certificat attestant qu'elle aura été mentionnée au bureau des hypothèques, au profit du sieur *Venière*.

L'analyse de ces faits étant développée, on va s'occuper de la quittance et de la subrogation dont il s'agit, dans les termes suivants :

Pour remplir les intentions et les engagements de ses commettants, M. *Franon* vient de payer par le présent acte, à la vue des notaires susnommés, en espèces métalliques d'or et d'argent ayant cours,

A M. *Dupréau*, qui le reconnaît, en qualité de mandataire des époux *Delavigne*,

La somme de 35,875 fr.,

DONT :

1° 35,000 fr., stipulés exigibles le..., produisant intérêts, pour le paiement des prix principaux de la vente et de la cession dont on vient de parler et faisant l'importance de l'emprunt ci-après déclaré, ci.......... 35,000 fr.

2° Et 875 fr. pour six mois d'intérêts de cette somme principale, échus le..., et envoyés à cet effet à M. *Franon* par ses mandants, ci.............................. 875

Somme égale.... 35,875

Par suite de ce paiement, M. *Dupréau* audit nom, tient quittes et décharge les époux *Aumasson* ainsi que de toutes choses y relatives,

Dont quittance.

M. *Franon*, pour satisfaire aux pouvoirs qui lui ont été conférés par les époux *Aumasson*, déclare pour eux que, sur la somme de 35,875 fr. qu'il vient de payer à M. *Dupréau* pour ses mandants, 35,000 fr. forment l'objet de l'emprunt qu'il a fait du sieur *Venière*, au nom de M. et de Mme *Aumasson*, selon l'obligation susénoncée; faisant ici cette déclaration pour remplir la promesse insérée dans l'obligation ci-devant analysée, afin que, attendu l'origine des deniers, M. *Venière* acquiert privilège sur ledit domaine et sur ses dépendances, et que par suite il soit subrogé aux droits, actions en résolution de la vente, de la cession, hypothèque et privilège y attachés, de M. et de Mme *Delavigne*, pour raison de ladite somme de 35,000 fr. et des intérêts à échoir à compter du..., particulièrement dans le bénéfice des inscriptions d'office et conventionnelle prises à leur profit contre les époux *Aumasson*, au bureau des hypothèques de Sceaux, aux époques précitées.

Cette subrogation est consentie de la part de M. *Dupréau* au nom de M. et de Mme *Delavigne*, ses mandants, sans garantie ni restitution de deniers envers M. *Venière*.

Les parties consentent que mention de cet acte soit faite sur toutes pièces que besoin sera, par tous notaires requis à cet égard (1).

La présente quittance est passée à Paris, dans l'étude de Me Delaloge, l'un des notaires susnommés.

L'an..., le....

Après lecture, etc.

(1) On pense que ce consentement est surabondant.

N. VI. EXTRAIT DE LA QUITTANCE QUI PRÉCÈDE POUR FAIRE, AU BUREAU DES HYPOTHÉQUES, MENTION DE LA SUBROGATION QU'ELLE RENFERME.

« Suivant acte passé devant Me Delaloge et
» son collègue, notaires à Paris, le..., portant
» la mention suivante : « Enregistré à..., le...,
» folio..., recto..., case..., reçu... francs,
» dixième compris, signé...»

M. Jules *Franon*, avocat, demeurant à Paris, rue d'Ulm, n° 10,

« En qualité de mandataire de M. Apollinaire
» *Aumasson*, rentier, et de dame Clémentine *Che-*
» *valier* son épouse, demeurant à Lyon, rue de
» la Préfecture, n° 4, en vertu de la procura-
» tion qu'ils lui ont donnée, entre autres choses,
» à l'effet de la quittance présentement extraite,
» par acte passé devant Me Rozier et son col-
» lègue, notaires à Lyon, le dix janvier mil huit
» cent trente-quatre, enregistré, légalisé, et dont
» le brevet est resté joint à la minute du contrat
» de vente ci-après relaté, »

A payé en leur acquit avec les deniers qu'il avait empruntés pour eux à cet égard du Sr *Venière* ci-après nommé,

A M. Eugène *Dupréau*, aussi avocat, demeurant à Paris, rue de Sèvres, n° 120,

« Comme mandataire de M. Casimir *Dela-*
» *vigne*, propriétaire, et de dame Victoire *Vernon*
» son épouse, demeurant à Rouen, rue de Paris,
» n° 40, en vertu de la procuration qu'il lui ont
» donnée, entre autres choses, à l'effet de la

» quittance dont il s'agit, suivant acte passé de-
» vant Me Tricard et son collègue, notaires à
» Rouen, le premier janvier mil huit cent trente-
» quatre, enregistré, et dont le brevet reste
» joint à la minute de l'acte de vente et cession
» ci-après énoncé, »

La somme de trente-cinq mille francs stipulée exigible le....., moyennant laquelle M. *Dupréau*, comme mandataire des époux *Delavigne*, vendit et céda au sieur *Aumasson* et à la dame son épouse, savoir : pour M. *Delavigne*, un domaine situé à Sceaux, lieu dit *Bel Air*, et, pour la dame son épouse, son hypothèque légale contre son mari, mais seulement en ce qu'elle pesait sur le domaine et sur ses dépendances, par acte passé devant ledit Me Delaloge et son collègue, notaires, le......, enregistré;

Cette somme fut empruntée à l'effet de faire ce paiement par le sieur *Franon*, en qualité de mandataire des époux *Aumasson*, de M. Casimir *Venière*, docteur en médecine, demeurant à Paris, rue Saint-André-des-Arts, n° 4, suivant obligation passée devant ledit Me Delaloge et son collègue, notaires, le..., enregistré, le tout ainsi que le sieur *Franon* audit nom le déclara dans cette obligation et dans la quittance présentement extraite, dans le but de faire connaître l'origine des deniers empruntés, et, par suite de cette déclaration, il subrogea, lors de ce paiement, M. *Venière* jusqu'à concurrence du prix de cette vente, de la cession et des intérêts à échoir dans les droits, actions en résolution et encore dans les privilège et hypothèque qui en étaient la conséquence, particulièrement dans le bénéfice des inscriptions d'office et conventionnelle prises, pour sûreté de ces prix, au profit de M. *Delavigne*, vendeur, et de la dame son épouse, cédante, contre les époux *Aumasson*, acquéreurs, au bureau des hypothèques de Sceaux, les... vol...., n°....

» Extrait par Me Delaloge, notaire susnommé,
» de la minute de ladite quittance restée en sa
» possession. »

(*Signature du notaire.*)

(N. VII.) *Des procurations ci-devant énoncées et datées,*

IL RÉSULTE :

1° De celle de M. et de Mme *Delavigne*, qu'ils ont donné entre autres pouvoirs à M. *Dupréau*, savoir : M. *Delavigne*, ceux de vendre un domaine et ses dépendances qui lui appartenaient, sis à Sceaux, lieu dit *Bel-Air*; la dame *Delavigne*, ceux de céder l'hypothèque légale qu'elle avait le droit d'exercer contre son mari, mais seulement en ce qu'elle pouvait peser sur lesdits biens, et ce, moyennant les charges, clauses, conditions et le prix le plus avantageux; en toucher le montant ou accorder délai pour le payement, stipuler des intérêts, fournir les quittances du capital et des intérêts, par suite donner mainlevée et consentir aux radiations partielles et définitives des inscriptions qui pourraient être prises d'office ou autrement au profit du vendeur et de la cédante, consentir s'il était nécessaire mentions et subrogations avec ou sans garantie, remettre les titres et les pièces, en retirer décharges valables;

2° Et de celle de M. et de Mme *Aumasson*, qu'ils ont donné, entre autres pouvoirs, à M. *Franon* ceux d'acquérir ce domaine et ses dépendances, ensemble l'hypothèque légale de la dame *Delavigne* dans les limites ci-dessus rappelées, aux prix, charges, clauses et conditions qu'il jugerait convenables, payer le capital et les intérêts, en retirer quittance; emprunter à cet effet somme suffisante, aux conditions les plus avantageuses, pour en acquitter le montant et les intérêts, avec déclaration de l'origine des deniers pour faire subroger les prêteurs dans les droits, actions en résolution, et encore dans les privilège et hypothèque, des vente et cession qui étaient alors projetées, notamment dans l'effet des inscriptions d'office et conventionnelle qui pourraient être prises pour sûreté de ces prix au profit du vendeur et de la cédante contre les acquéreurs, au bureau des hypothèques de Sceaux.

Pour extrait :

(*Signature du notaire.*)

(N. VIII. *Mention à mettre au bas de cet extrait.*)

Le sieur Casimir *Venière*, docteur en médecine, demeurant à Paris, rue Saint-André-des-Arts, n° 4, pour lequel domicile est élu à ..

Requiert M. le conservateur du bureau des hypothèques de Sceaux de faire mention sur ses registres de la subrogation consentie dans l'effet des inscriptions d'office et conventionnelle relatées dans la quittance dont extrait précède.

Paris, ce . . .

Pour le requérant :

(*Signature.*)

Ayant pouvoir :

N. IX. TRANSPORT DE CETTE CRÉANCE EMPORTANT CESSION DANS L'EFFET DES INSCRIPTIONS D'OFFICE ET CONVENTIONNELLE.

DEVANT Me Couchies et son collègue, notaires à Paris,

M. Casimir *Venière*, docteur en médecine, demeurant à Paris, rue Saint-André-des-Arts, n° 4,

D'une part,

M. Polydore *Flahault*, négociant, demeurant à Paris, rue Saint-Martin, n° 139,

D'une deuxième part,

Et en présence de M. Jules *Franon*, demeurant à Paris, rue d'Ulm, n° 10,

« Comme mandataire de M. Apollinaire *Aumasson*, rentier, et de dame Clémentine *Chevalier*, son épouse, demeurant à Lyon, rue de la
» Préfecture, n° 4, suivant la procuration qu'ils
» lui ont donnée, entre autres choses aux effets
» ci-après, par acte passé devant Mᵉ Rozier et son
» collègue, notaires à Lyon, le 10 janvier 1834,
» enregistré, dont le brevet est resté annexé à la
» minute de l'acte de vente et cession ci-après
» relaté, et l'expédition de cette procuration
» reste ci-jointe, après qu'il a été fait mention
» dessus de son annexe par lesdits notaires,

D'une troisième part,

Croient nécessaire au préalable de développer sommairement les faits qui vont suivre, dans le but de faciliter l'intelligence du présent transport.

Par acte passé devant Mᵉ Tricard et son collègue, notaires à Rouen, le 1ᵉʳ janvier 1834, enregistré, M. Casimir *Delavigne*, propriétaire, et dame Victoire *Vernon*, son épouse, demeurant dans cette ville, rue de Paris, n° 40, choisirent pour leur mandataire M. Eugène *Dupréau*, avocat, demeurant à Paris, rue de Sèvres, n° 120;

Aux termes d'un acte passé devant Mᵉ Delaloge et son collègue, notaires à Paris, le 1ᵉʳ février 1834, enregistré, M. *Dupréau*, au nom de ses mandants, vendit, savoir : pour M. *Delavigne*, un domaine à lui appartenant, situé à Sceaux, lieu dit *Bel-Air*, et céda pour Mᵐᵉ *Delavigne* l'hypothèque légale qu'elle avait le droit d'exercer contre son mari, mais seulement en ce qu'elle frappait sur ces biens, à M. et à Mᵐᵉ *Aumasson* susnommés, ce accepté pour eux par M. *Franon*, leur mandataire, le tout moyennant la somme totale de 35,000 francs, stipulé payable le..., avec les intérêts au taux de 5 p. 100 par an sans retenue, exigibles tous les six mois à dater du jour de cette vente et de cette cession;

L'expédition de cet acte fut transcrite au bureau des hypothèques de Sceaux, le..., vol..., n°...

Lors de cette transcription et pendant la quinzaine qui la suivit, il ne se trouva ni ne survint aucune inscription, sauf: 1° celle d'office en faveur du vendeur, le... vol... n°...; 2° celle conventionnelle prise au profit de la cédante le..., vol..., n°..., contre les époux *Aumasson*, ainsi que l'atteste le conservateur du même bureau par un certificat qu'il a délivré à la date du...

Toutes les formalités hypothécaires concernant la purge légale furent aussi remplies conformément à la loi, et durant leur accomplissement il ne se trouva aucune inscription, excepté celles d'office et conventionnelle dont il s'agit, ainsi qu'il résulte d'un autre certificat délivré par le conservateur dudit bureau, à la date du...

Suivant un autre acte passé devant ledit Me Delaloge et son collègue, notaires, le..., enregistré, M. *Franon* emprunta pour les époux *Aumasson*, ses mandants, de M. *Venière*, docteur en médecine, demeurant à Paris, rue Saint-André-des-Arts, n° 4, une somme de 55,000 fr., remboursable le..., produisant intérêt à 5 p. 100 par an sans retenue, payables annuellement le..., à partir du jour de ce prêt, laquelle somme fut destinée à être employée à acquitter le prix principal de la vente et de la cession dont il s'agit;

En effet, par quittance passée devant ledit Me Delaloge et son collègue, notaires, le..., enregistré, M. *Franon*, comme mandataire des époux *Aumasson*, paya, en leur acquit, à *M. Dupréau* en sa qualité susdite, les prix principaux de ces vente et cession, avec les deniers empruntés à cet égard du sieur *Venière*, qui par suite de la déclaration de l'emprunteur et de l'emploi des deniers, fut subrogé dans les droits, actions, privilège et hypothèque, et même dans ceux en résolution de la vente et de la cession, et particulièrement dans l'effet des inscriptions d'office et conventionnelle prises pour sûreté desdits prix, au profit des époux *Delavigne*, contre le sieur et la dame *Aumasson*, au bureau des hypothèques de Sceaux, le..., vol... n°...

Mention de cette subrogation fut faite au même bureau, ainsi que l'atteste le conservateur par un certificat qu'il a délivré à la date du...

Cette analyse étant terminée, on va s'occuper du transport dont il s'agit dans les termes suivants :

M. *Venière*, sur la proposition à lui faite par le sieur *Flahault*,

Lui cède et transporte par le présent acte, avec la garantie actuelle et future de la solvabilité des époux *Aumasson*, ce qu'il accepte,

La créance de 35,000 fr. dont il s'agit, produisant intérêts au taux de 5 p. 100 par an sans retenue, payables annuellement le..., à dater du...

En vertu du présent transport, M. *Flahault* disposera de cette créance en nue propriété à compter de ce jour, et en touchera les intérêts à dater du... jusqu'à son remboursement, de M. et de Mme *Aumasson* ou de tous autres, par suite il se trouve à la place de M. *Venière* dans les droits, actions, privilège et hypothèque, même dans ceux en résolution de la vente et de la cession (1), particulièrement dans le bénéfice des inscriptions d'office et conventionnelle, et de la subrogation susdatées (1692, Code civil).

Ce transport est fait de la part de M. *Venière*, en sa qualité susdite, moyennant semblable somme de 35,000 f. de prix principal que M. *Flahault* vient de payer à la vue des notaires au sieur *Venière*, qui en consent quittance.

(1) *Voyez* un arrêt de la Cour de Limoges du 27 novembre 1811.

REMISE DE TITRES.

M. *Venière* vient de remettre à l'appui de ce transport à M. *Flahault* qui le reconnaît.

1° (*Enoncer ici les titres et les pièces que l'on remet au cessionnaire*).

M. *Franon*, ici présent, comme mandataire des époux *Aumasson*,

Déclare accepter ledit transport et le tenir pour signifié à ses mandants, et qu'il n'existe entre leurs mains ni saisie ni opposition sur le sieur *Venière*, auquel ils n'ont aucune compensation de payement à opposer (1289, C. civ.);

Par suite de cette déclaration, M. *Franon* oblige M. et Mme *Aumasson*, toujours solidairement, et leurs héritiers ou ayants cause, à payer désormais à M. *Flahault*, dans sa demeure à Paris, les intérêts et à rembourser le principal de cette créance aux époques et de la manière exprimée dans l'obligation précitée, à laquelle il n'est ici aucunement dérogé ni innové, sauf ce qui touche le délai et le lieu du payement.

Les droits et les honoraires de ce transport et ceux auxquels il pourra donner ouverture seront supportés par le cessionnaire qui s'y oblige.

Pour l'exécution de ce qui précède, les parties élisent domicile, savoir : M. *Franon*, dans sa demeure à Paris, pour ses mandants; et les autres comparaissants dans leur demeure susdite.

Le présent acte est passé à Paris, dans l'étude de Me Couchies, l'un des notaires susnommés.

L'an..., le..., à..., heure de... (1)

Après lecture, etc.

(1) *Voyez* arrêts des Cours de Bruxelles du 30 janvier 1808, et de Grenoble 30 décembre 1837.

N. X. EXTRAIT DU TRANSPORT POUR FAIRE, AU BUREAU DES HYPOTHÈQUES, MENTION DE LA CESSION DANS L'EFFET DES INSCRIPTIONS.

« Suivant acte passé devant Me Couchies et
» son collègue, notaires à Paris, le..., portant
» la relation qui va suivre: «Enregistré à..., etc.
» (*Rapporter ici la mention littérale de l'enre-*
» *gistrement*)».

M. Casimir *Venière*, docteur en médecine, demeurant à Paris, rue Saint-André-des-Arts, n° 4,

A transporté avec la garantie alors actuelle et future de la solvabilité des débiteurs ci-après nommés,

A M. Polydore *Flahault*, négociant, demeurant à Paris, rue Saint-Martin, n° 139,

Une créance de 35,000 fr. exigible le..., produisant intérêts à 5 p. 100 par an sans retenue, payables annuellement le..., à dater du..., laquelle créance est due par M. Apollinaire *Lumasson*, rentier, et par Dme Clémentine *Chevalier*, son épouse, demeurant à Lyon, rue de la Préfecture, n° 4, à M. Casimir *Delavigne*, propriétaire, et à Dme Victoire *Vernon*, son épouse, demeurant à Rouen, rue de Paris, n° 40, pour raison des prix principaux: 1° d'un domaine situé à Sceaux, appelé *Bel-Air*, que M. *Delavigne* a vendu; 2° et de la cession limitative faite par son épouse de l'hypothèque légale qu'elle avait le droit d'exercer contre le sieur son mari, mais seulement en ce qu'elle pèsait sur lesdits biens, aux termes d'un acte passé devant Me Delaloge et son collègue, notaires à Paris, le..., enregistré;

L'expédition de cet acte fut transcrite au bureau des hypothèques de Sceaux, le..., vol..., n°...,

A cette transcription, et pendant la quinzaine qui la suivit, il ne se trouva ni ne survint aucune inscription, sauf celles d'office et conventionnelle prises au profit des époux *Delavigne*, contre M. et Mme *Aumasson*, acquéreurs, pour sûreté des prix de cette vente et de cette cession, les. . . . , vol. . . , n°. . .

Lesquels prix furent payés au sieur *Delavigne* et à la dame son épouse, par les époux *Aumasson*, aux termes d'une quittance passée devant ledit Me Delaloge et son collègue, notaires, le. . . , enregistrée,

Ce payement eut lieu avec les deniers empruntés à cet effet du sieur *Venière*, suivant obligation passée devant le même notaire et son collègue, le. . . , enregistré, contenant promesse de la part de M. *Franon*, au nom des époux *Aumasson*, de déclarer l'origine de ces deniers dans la quittance notariée qu'il en retirerait pour eux, dans le but de faire subroger le sieur *Venière* dans les droits, actions en résolution, privilège et hypothèque des époux *Delavigne*, résultant desdites vente et cession,

Et dans laquelle obligation le sieur *Franon* agit comme mandataire des époux *Aumasson*, en vertu de la procuration qu'ils lui avaient donnée à cet effet, suivant acte passé devant Me Rozier et son collègue, notaires à Lyon, le 10 janvier 1834, enregistré.

En effet, cette promesse fut remplie par le sieur *Franon*, en sa qualité susdite, lors du payement des prix de cette vente et de cette cession; aussi M. *Venière* se trouva-t-il subrogé dans ces droits, notamment dans l'effet des inscriptions d'office et conventionnelle prises à leur profit contre le sieur et la dame *Aumasson*, acquéreurs, au bureau des hypothèques de Sceaux, les. . . , vol. . . , n. . .

Mention de cette subrogation fut faite au même bureau, le. . . ainsi que l'atteste le conservateur par un certificat qu'il a délivré à la date du. . .

Ce transport eut lieu moyennant la somme de 35,000 fr. de prix principal payé comptant par M. *Flahault* à M. *Venière* qui le reconnut;

Il fut dit que M. *Flahault* disposerait de cette créance en nue propriété à compter du jour du transport présentement extrait, et qu'il en toucherait les intérêts à dater du..., jusqu'au remboursement du capital;

Il fut ajouté par surabondance qu'il se trouvait, en sa qualité de cessionnaire, à la place de M. *Venière,* et conséquemment dans tous les drois relatifs à l'objet de cette créance en principal et intérêts, particulièrement dans l'effet des inscriptions d'office conventionnelle, et de la subrogation susénoncées.

« Extrait par Mᵉ Couchies, notaire susdit, de
» la minute de la quittance restée en sa posses-
» sion. »

(*Signature du notaire.*)

(N. XI. *Mention à mettre à la suite de l'extrait qui précède.*)

Le sieur Polydore *Flahault*, négociant, demeurant à Paris, rue Saint-Martin, n. 39, pour lequel domicile est élu à...

Requiert M. le conservateur du bureau des hypothèques de Sceaux, de faire mention sur ses registres de la cession dans l'effet des inscriptions d'office, conventionnelle, et de la subrogation énoncées dans l'extrait qui précède, et ce, en faveur de lui requérant, contre les époux *Aumasson.*

Paris, ce...

(*Signature du requérant.*)

N. XII. QUITTANCE DE CETTE CRÉANCE, CONTENANT MAIN-LEVÉE ET REMISE DE PIÈCES.

DEVANT Me Couchies et son collègue, notaires à Paris,

M. Polydore *Flahault*, négociant, demeurant à Paris, rue Saint-Martin, n. 139,

« Comme cessionnaire aux termes d'un trans-
» port passé devant ledit Me Couchies et son
» collègue, notaires, le... enregistré, de M. Ca-
» simir *Venière*, docteur en médecine, demeu-
» rant à Paris, rue Saint-André-des-Arts, n. 41,
» d'une créance due par les époux *Aumasson*,
» ci-après nommés suivant les actes ci-après
» relatés,

D'une part,

Et M. Jules *Franon*, avocat, demeurant à Paris, rue d'Ulm, n. 10,

« En qualité de mandataire de M. Apollinaire
» *Aumasson*, rentier, et de dame Clémentine
» *Chevalier*, son épouse, demeurant à Lyon
» rue de la Préfecture, en vertu de la procura-
» tion, etc. » (*Voy*. p. 35.)

D'autre part,

Jugent à propos d'expliquer les faits qui vont suivre, dans le but d'arriver à la quittance, objet du présent acte.

(*Nota*. Rapporter ici l'analyse comprise dans le transport qui précède, ensuite énoncer succinctement ce transport dans les termes suivants :)

Suivant acte passé devant ledit Me Couchies et son collègue, notaires, le..., enregistré, M. *Venière* transporta au sieur *Flahault* la créance de 35,000 fr. dont il s'agit, pour qu'il en disposât en nue-propriété à compter du jour de ce transport et en perçût les intérêts des époux *Aumasson*, débiteurs, à dater du... jusqu'au remboursement de cette somme.

Par le fait de ce transport, M. *Flahault* se trouva à la place de M. *Vénière*, et conséquemment dans les droits, privilèges et actions en résolution de la vente et de la cession dont il s'agit; particulièrement dans le bénéfice des inscriptions d'office, conventionnelle, et de la subrogation ci-dessus relatées.

Ce transport eut lieu moyennant la somme de 35,000 f. de prix principal, payée comptant par le sieur *Flahault* au sieur *Venière* qui le reconnut;

Mention de cette cession fut faite au profit de M. *Flahault* au bureau des hypothèques de Sceaux, le..., ainsi que l'atteste le conservateur dudit bureau, par un certificat qu'il délivra à la date du...

L'explication de ces faits étant terminée, on va s'occuper de la quittance dont il s'agit, dans les termes suivants:

M. *Franon*, comme mandataire des époux *Aumasson*, et avec les deniers qui lui ont été envoyés dans le but d'éteindre les causes de cette obligation,

Vient de payer par le présent acte, en leur acquit et décharge, à la vue desdits notaires,

A M. *Flahault* qui le reconnaît,

La somme de 36,750 francs,

Dont:

1° 35,000 francs pour le remboursement de l'obligation précitée, ci......................	35,000 fr. »
2° 1,750 francs pour une année d'intérêts échus le..., provenant de cette somme principale, ci..................	1,750 »
Somme égale.....	36,750 fr. »

Par suite de cette libération, M. *Flahault*, en qualité de cessionnaire susdit, donne mainlevée et consent à la radiation définitive des inscriptions d'office, conventionnelle, et des mentions de subrogation et de cession dont on vient de parler, prises et faites contre les époux *Aumasson*, ce que M. *Franon*, leur mandataire, accepte;

Il s'est, attendu ce remboursement, désisté du privilège attaché au domaine dont il s'agit,

Et il vient de remettre à l'appui de ce remboursement à M. *Franon* audit nom, qui le reconnaît;

(*Énoncer ici les titres et les pièces que le créancier remet aux débiteurs, en commençant par les plus nouveaux.*)

La présente quittance est passée à Paris dans l'étude de Me Couchies, l'un des notaires susnommés.

L'an..., le...

Après lecture, etc.

N. XIII. EXTRAIT DE CETTE QUITTANCE POUR FAIRE RADIER.

« Par acte passé devant Me Couchies et son
» collègue, notaires à Paris, le..., portant la
» mention suivante : « Enregistré à..., etc.

M. Polydore *Flahault*, négociant, demeurant à Paris, rue Saint-Martin, n° 139,

» En qualité de cessionnaire, aux termes d'un
» acte passé devant ledit Me Couchies et son col-
» lègue, notaires, le..., enregistré, de M. Ca-
» simir *Venière*, docteur en médecine, demeu-
» rant à Paris, rue Saint-André-des-Arts, n° 4,
» de la créance ci-après énoncée, qui était due
» par M. Apollinaire *Aumasson*, rentier, et

» par dame Clémentine *Chevalier*, son épouse, » demeurant à Lyon, rue de la Préfecture, n° 4, » pour prix : 1° de la vente du domaine du *Bel-Air*, situé à Sceaux, appartenant à M. Casimir » *Delavigne*, propriétaire, demeurant à Rouen, » rue de Paris, n° 40 ; 2° de la cession limitative » faite par Mme Victorine *Vernon*, son épouse, » dans l'effet de son hypothèque légale existant » contre lui, mais seulement en ce qu'elle frap- » pait sur ce domaine, suivant acte passé de- » vant Me Delaloge et son collègue, notaires à » Paris, le..., enregistré, et dont l'expédition » fut transcrite au bureau des hypothèques » de... le... v°... r°... ; lesquels prix furent » payés aux époux *Delavigne* avec les deniers » empruntés à cet effet par les sieur et dame » *Aumasson*, suivant obligation passée devant » ledit Me Delaloge et son collègue, notaires, » le.... enregistrée, contenant promesse d'en » déclarer l'origine dans la quittance authentique » qu'ils en retireraient afin de faire subroger le » sieur *Venière*, prêteur, dans les privilège, » hypothèque et droits attachés à cette créance; » promesse qui fut effectuée, suivant acte passé » devant ledit Me Delaloge et son collègue, no- » taires, le.... enregistré, portant quittance, » déclaration de l'origine des deniers, et par » suite subrogation dans les privilège et hypo- » thèque pesant sur ce domaine, notamment » dans le bénéfice : 1° de l'inscription d'office » faite en faveur du sieur *Delavigne*, le... vol... » n°...; 2° de celle conventionnelle prise au » profit de la dame *Delavigne*, son épouse, le... » vol... n°....

» Le tout contre les époux *Aumasson*, au

» bureau des hypothèques de Sceaux, suivant un certificat mis au bas d'un état d'inscription délivré par le conservateur dudit bureau, le...

» Mention de cette subrogation fut faite au profit du sieur *Venière*, en sa qualité de prêteur, ainsi qu'il résulte du certificat délivré par le conservateur dudit bureau, le...

» Et dans l'effet desquelles inscriptions M. *Flahault* fut ensuite subrogé par le sieur *Venière* le..., en vertu du transport susénoncé, suivant un autre certificat délivré par le même conservateur à la date du...

A reconnu avoir reçu des époux *Aumasson* la somme de 36,750 francs,

Dont :

1° 35,000 francs pour le remboursement de l'obligation susénoncée, ci....................	35,000 fr. »
2° 1,750 francs pour une année d'intérêts de cette somme principale, échus le... ci............................	1,750 »
Somme égale.....	36,750 fr. »

M. *Flahault*, en sa qualité de cessionnaire, a, attendu cette libération, donné mainlevée et consenti à la radiation :

1° Des inscriptions d'office et conventionnelle;

2° De la mention de subrogation consentie dans le bénéfice de ces inscriptions;

3° Et de la mention de la cession faite par le sieur *Venière*, au profit de M. *Flahault*, dans l'effet de ces inscriptions et de cette subrogation;

Le tout ci-devant énoncé ;

Il s'est par suite désisté du privilège attaché au domaine dont il s'agit.

« Extrait par Me Couchies, notaire susnommé, » de la minute de la quittance restée en sa » possession. »

(*Signature du notaire.*)

FIN.

www.ingramcontent.com/pod-product-compliance
Ingram Content Group UK Ltd.
Pitfield, Milton Keynes, MK11 3LW, UK
UKHW021522260726
13993UKWH00004B/1837

9 782329 350530